Le Bateau

Madeleine AIRAUD

Éditions ART ET COMÉDIE
3, rue de Marivaux
75002 PARIS

Tous droits de reproduction, d'adaptation
et de traduction réservés pour tous pays
ISBN : 978-2-84422-998-4
© Éditions théâtrales ART ET COMÉDIE 2015

NOTE SUR L'AUTEURE

Madeleine Airaud est auteure, conteuse et poétesse… C'est une figure incontournable de l'île de Ré, où elle vit. Au fil des ateliers théâtre qu'elle anime pour les enfants de son île, elle en vient peu à peu à l'écriture théâtrale. La plume de « la Madeleine de Ré » comme l'appellent les îliens, est empreinte d'une délicate poésie.

DISTRIBUTION

« Le Bateau » est une pièce « chorale » à la distribution facilement modulable. Chaque rôle peut être interprété par un ou plusieurs comédiens ou comédiennes, au bon vouloir du metteur en scène.

Lors de sa création, la pièce fut interprétée par 2 adolescents et dix enfants de 8 à 12 ans.

Les mots suivis d'une astérisque* sont expliqués dans le lexique en fin d'ouvrage.

Le conteur

C'était un bateau,
        Un drôle de bateau
                Dans un port du bout du monde.
Dans un port du bout du monde ?
        Mais, voyons, la Terre est ronde !
Il n'y a pas de bout du monde !
    Alors… disons… quelque part…
Dans un port de quelque part
        Dans le monde…
Un bateau oublié le long d'un quai désert.
La coque en bois de chêne se balançait sans bruit.
Une voile pendait sur le pont déserté, attendant que des mains, unies, au même rythme, la hissent, sans à-coups, le long du plus grand mât.

    À l'avant était sculptée une figure de proue tellement expressive que l'on s'attendait à l'entendre parler ; que l'on croyait voir ses yeux bouger et ses cheveux flotter dans le vent ! Elle représentait une sirène à jamais prisonnière de la coque de chêne !…

    Prisonnière, dites-vous ?

    Je crois, plutôt, complice ; ne faisant qu'un, s'épaulant pour chevaucher les vagues. La figure de proue guidant la coque aveugle…

    Le bateau attendait…

À des lieues et des lieues… ou… peut-être… à côté… près d'Addis-Abeba, surgit, dans un désert de feu, de rochers et de sable, une oasis où se désaltère un troupeau de chèvres. Un petit village se blottit sous quelques maigres palmiers. Des poules en liberté… Des cris d'enfants qui jouent… Les aboiements d'un chien… comme dans n'importe quel village du monde !…

Devant sa hutte au toit de palmes, une fillette noire, noire, ses cheveux crépus coiffés en de multiples tresses, son petit corps moulé par un boubou multicolore, une fillette, dis-je, emplit une calebasse*.

Ixou
Voyons… n'ai-je rien oublié ?
Une noix de mon cocotier,
Galette de mil… lait de chèvre,
Et la lyre de mon ancêtre…
Je m'en vais parcourir le monde
Voir si la Terre est vraiment ronde !

Le conteur
Et Ixou, Ixou l'enfant noir
L'enfant au boubou bariolé
L'enfant aux cheveux crépus
Prit la route vers l'inconnu…

Le désert étend l'ocre de son manteau à perte de vue !… Les tentes noires, en poils de chèvre, y font de sombres taches, cernées par les boules jaunâtres des moutons et des chameaux. C'est le soir ; une légère fraîcheur commence à courir dans l'air étouffant… la mélopée d'un berger jouant de la flûte trouble, à peine, le silence.

Un enfant en longue djellaba rayée, pieds nus dans la poussière encore chaude, la tête protégée par le keffieh* à carreaux rouges, l'enfant de Rozlanié, de l'oasis de Damas, emplit un chiffon sans couleur, un vieux chiffon traînant là… un chiffon terne comme le sable sur lequel il est posé.

Mohammed

Voyons… n'ai-je rien oublié ?
Un morceau de mouton grillé,
Des loukoums, du thé à la menthe
Quelques pistaches bien croquantes,
Ma flûte et ma darbouka* !
Je m'en vais parcourir le monde
Voir si la Terre est vraiment ronde !

Le conteur

Et Mohammed
L'enfant bédouin
L'enfant du grand désert syrien
L'enfant des nuits cousues d'étoiles
Le petit nomade aux pieds nus
À l'horizon a disparu
Partant, sans bruit, vers l'inconnu…

Île égarée dans l'océan…
Île battue par la mer et le vent…
Île bercée par les palmes des cocotiers…
Île de la douceur de vivre parmi les parfums enchanteurs, des orchidées, des bougainvilliers et de mille autres fleurs…
Tahiti !!!
Ton nom, déjà, est une musique, un appel…
Un enfant de Tahiti, vêtu, lui-même, de fleurs, l'enfant, dans un joli foulard rouge, parmi des coquillages nacrés, glissait d'autres trésors.

Maoro

Voyons… n'ai-je rien oublié ?
Quelques beaux poissons en beignets,
Lait de coco… un ananas
Et mes jolis ocarinas*.
Je m'en vais parcourir le monde
Voir si la Terre est vraiment ronde !

Le conteur

Et Maoro
Maoro, l'enfant des îles
L'enfant de la mer
Sur une pirogue pointue
Joyeux, partit vers l'inconnu…

Une roulotte rêve sur le bord du Danube…
Une roulotte de bois joliment décorée de fleurs et de personnages. Une roulotte avec des pots de géraniums accrochés aux fenêtres. Une roulotte qui n'attend que ses chevaux pour reprendre la route. Dans le pré, les animaux paissent l'herbe verte et tendre. Un homme, assis sur la berge, tresse un panier d'osier.

Un bébé dort dans un hamac tendu entre deux arbres.

Près du feu de bois qui sommeille, une fillette en longue robe brune, un foulard sur la tête, aux oreilles de longs anneaux dorés, une fillette emplit un joli panier habillé de dentelle.

Sarah

Voyons… n'ai-je rien oublié ?
Cuit dans l'argile, un beau poulet !
L'eau du torrent… quelques noisettes,
Et mon violon pour faire la fête !…
Je m'en vais parcourir le monde
Voir si la Terre est vraiment ronde !

LE CONTEUR
Et Sarah
Sarah l'enfant tzigane
L'enfant des grands chemins de liberté
L'enfant des voyages sans but
Sarah, l'enfant des bois et des talus
Partit, dansant, vers l'inconnu…

À des milles et des milles de là, dans la cordillère des Andes – tu sais, cette immense chaîne de montagnes d'Amérique du Sud, où des extraterrestres ont tracé des dessins –, eh bien, sur un haut plateau, quelques petites maisons de terre se serraient, comme pour se tenir chaud. C'est là que plane le condor, ce magnifique vautour, le plus beau, le plus grand de tous les rapaces. Là que paissent les lamas, ces drôles d'animaux cousins du chameau et qui vous crachent à la figure si vous ne leur plaisez pas…

Sur un de ces plateaux, pas très loin de Chacraraju – six mille mètres ! –, sous le regard de son petit âne, un enfant vêtu d'un poncho, un bonnet multicolore sur ses cheveux ébouriffés, remplissait son petit sac de toile.

RODRIGO
Voyons… n'ai-je rien oublié ?
Du maïs… quelques panqueques*,
Des poivrons… du lait de lama,
Ma flûte de Pan appelée « Sika » !…
Je m'en vais parcourir le monde
Voir si la Terre est vraiment ronde !

LE CONTEUR
Et Rodrigo
L'enfant des hauts plateaux
L'enfant au poncho

> Rodrigo, l'enfant de Chacraraju
> Quittant son village perdu
> Descendit vers l'inconnu…

Presque au même instant, près de Phnom Penh, devant un temple couvert d'or, un temple aux toits « cornus », des marchands vendent des bâtons d'encens ou d'autres parfums, des jeunes filles, tout de blanc vêtues, le visage délicatement maquillé, apportent leur offrande à Bouddha, leur dieu.

Des pétales de fleurs jonchent le sol.

Un peu plus loin, dans un terrain vague, des garçonnets, à peine couverts d'un petit pagne de toile, lancent un cerf-volant, immense dragon aux yeux flamboyants.

Dans une ruelle, devant la porte d'une maison basse, une fillette en robe de soie rouge finement brodée, fait l'inventaire de deux petits paniers accrochés à une tige de bambou.

ANH PHUNG

> Voyons… n'ai-je rien oublié ?
> Une mangue de mon manguier
> Des nems, quelques avocats,
> Et mon luth appelé « p'i p'a »…
> Je m'en vais parcourir le monde
> Voir si la Terre est vraiment ronde !

LE CONTEUR

> Et Anh Phung *(prononcer Fuong)*
> Anh Phung, la fillette d'Asie,
> Du pays des cerfs-volants
> Anh Phung
> S'en alla à pas menus
> S'en alla vers l'inconnu…

L'aurore boréale colore la banquise. Devant un igloo à peine visible dans son nid de glace, les chiens huskies dorment, roulés en boule dans la neige. Le traîneau, abandonné, attend un prochain départ qui redonnera vie à ce coin perdu : les aboiements des chiens excités... les cris des chasseurs...

Un enfant esquimau sort, en rampant, du sas de l'igloo. Il traîne un sac en peau de phoque et, par précaution, vérifie son contenu ; dans ce monde hostile, le plus petit oubli peut être fatal.

NANOUK
Voyons... n'ai-je rien oublié ?
Un morceau de poisson séché,
La graisse de phoque... un couteau,
Le grand tambourin sur mon dos...
Je m'en vais parcourir le monde
Voir si la Terre est vraiment ronde !

LE CONTEUR
Et Nanouk
Nanouk, l'enfant de la banquise
L'enfant des océans gelés
Dans ses bottes fourrées
Sur l'immense étendue
Glissa vers l'inconnu...

Le Gange est de même couleur que les maisons qui le bordent : ocre, orange, jaune sont les trois couleurs qui dominent sur ce petit coin de l'Inde. Des enfants, des adultes, se plongent, avec un infini respect, dans l'eau boueuse. Ils prient ; car l'eau, pour eux, est sacrée : l'Eau est source de toute Vie... Sans eau la terre se dessèche, amenant la famine et la mort.

Le long des marches qui conduisent au fleuve, des garçonnets se poursuivent en riant. Ils sont vêtus d'une chemise blanche et d'un pantalon bouffant, car c'est jour de fête ! Dans la grande rue passent des éléphants somptueusement parés. Des petits singes courent dans tous les sens, chipant de la nourriture aux marchands ambulants qui les laissent faire : tous les animaux sont sacrés dans ce pays. Il est interdit de leur faire le moindre mal.

À l'entrée de la ville, une fillette en long sari de fête, le front et le nez ornés d'une perle rouge, étale, à terre, un foulard aux vives couleurs.

SHANTA

Voyons... n'ai-je rien oublié ?
Des citrons de mon citronnier ;
Des galettes de riz, du thé...
Ma flûte indienne pour charmer !...
Je m'en vais parcourir le monde
Voir si la Terre est vraiment ronde !

LE CONTEUR

Et Shanta,
Shanta la fillette du pays de Mowgli
Du pays des charmeurs de serpents
Du pays des éléphants
Dans la jungle chevelue
S'enfonça vers l'inconnu...

Le printemps éveille les champs, les arbres, la toundra*... Les loups ont disparu avec la neige. La campagne, aux environs de Nijni Novgorod, est tout en fleurs et chants d'oiseaux !

Maroussia a mis son habit des beaux jours, car les cloches de Pâques sonnent à toutes volées dans la coupole dorée du clocher de la petite église.

La grand-mère de la fillette lui a brodé sa belle jupe et le chemisier à manches bouffantes. Un serre-tête garni de rubans multicolores retient ses cheveux. Elle a chaussé de fines bottes de cuir rouge qui moulent sa jambe.

La fillette, sur la grosse table de bois, étale un foulard multicolore.

MAROUSSIA

Voyons… n'ai-je rien oublié ?
Des pirojkis*… un pot de thé,
Des pommes cueillies à Riga,
Et puis… ma balalaïka* !
Je m'en vais parcourir le monde
Voir si la Terre est vraiment ronde !

LE CONTEUR

Et Maroussia,
Maroussia l'enfant des steppes
L'enfant des plaines de Russie
Jetant, sur ses épaules, un joyeux fichu
Partit vers l'inconnu…

Le jour se levait sur les ponts de Venise. Des gondoles silencieuses glissaient sur le grand canal… La veille avait été Carnaval, et les rues étaient jonchées de confettis et de serpentins. Quelques personnes, encore travesties, se hâtaient de regagner leur demeure.

Devant l'une d'elles, à la porte magnifiquement sculptée, Domenico, dans un splendide costume de gondolier de la Renaissance, Domenico vérifiait un sac de sport – inutile de souligner que cet accessoire n'allait pas, mais pas du tout, avec le costume !

DOMENICO

Voyons… n'ai-je rien oublié ?
Une pizza toute dorée,
Des lasagnes bien gratinées,

Jus de fruits… osso buco*
Et ma guitare sur le dos !…
Je m'en vais parcourir le monde
Voir si la Terre est vraiment ronde !

LE CONTEUR
Et Domenico,
Domenico, l'enfant de Venise
De la ville du palais des Doges
De la ville bâtie sur la mer
Domenico, dédaignant les gondoles
Traversant places et rues
Prit la route vers l'inconnu…

Quelle étrange chose !!!
Tous ces enfants, un beau matin, sur le même quai arrivèrent.
Oui !… Vous avez deviné : c'était le quai où le grand bateau attendait.
Clap ! Clap ! Clap !
Pfuit ! Pfuit ! Pfuit !
Faisaient les petits pieds sur le quai.
Le vent, dans les haubans*, sifflait.

LE VENT
Ils ne se voient pas…
Ils ne se connaissent pas…
Chacun pour soi…
Chacun pour soi…
Ils s'en vont parcourir le monde
Voir si la Terre est vraiment ronde !

Le conteur

Le fait est que chaque enfant prit place dans le bateau sans se soucier du voisin.

Chacun pour soi !\
Chacun pour soi !

Sifflait le vent dans les haubans…

Et puis, chacun dans son coin prit son instrument et se mit à jouer son air préféré.

Quelle cacophonie !!!

Si la figure de proue avait pu, je crois qu'elle se serait bouché les oreilles !… Le vent, lui, préféra s'enfuir !

L'un des enfants, voyant que le bateau ne bougeait pas, dit, sur un ton prétentieux…

Un enfant

Je voudrais voir le monde entier !\
Mais que fiche donc ce voilier ?

Le conteur

Un autre se mit en colère…

Un enfant

Je sens qu'en moi monte la rage !\
Où est donc passé l'équipage ?

Le conteur

Un troisième frappait du pied sur le pont…

Un enfant

Je veux partir ! Je veux partir !\
Que fait donc ce maudit bateau ?

LE CONTEUR

Et chacun, dans son coin, tempêtait :
    Je veux partir !
    Je veux partir !
Et l'écho, tout là-bas, répétait…

L'ÉCHO

    Je je je je…
   Je… je… je… je…

LE CONTEUR

À quoi le vent, de retour, répondit…

LE VENT

  Ils n'ont pas vu tous les copains
   Montés avec eux sur le pont
  Et chacun rage dans son coin…

LE CONTEUR

Nanouk, l'Esquimau, commençait à ramasser ses affaires en pestant…

NANOUK

   C'en est assez, je redescends
   De ce stupide et vieux rafiot !
   C'en est assez, je redescends
   Et m'en vais prendre mon canot !

LE CONTEUR

Au moment où il allait enjamber le plat-bord, la figure de proue, à sa grande frayeur, se mit à lui parler…

LA FIGURE DE PROUE

As-tu vu assis près de toi
As-tu vu, sur ce même pont,
L'enfant d'Afrique, le Chinois,
Et ceux de tous les horizons ?
As-tu partagé ton repas
Avec l'enfant d'une autre terre ?
As-tu su lui donner le « la »
Pour sa guitare ou le sitar* ?

LE CONTEUR

Les enfants, à demi rassurés, commencent à se regarder, à se découvrir… L'un esquissait un geste vers son voisin ; un autre faisait un sourire… Et puis, sur le pont, chacun déballa ses provisions pour le plus merveilleux des pique-niques !

CHAQUE ENFANT, *présentant son plat*
– Qui veut de mon poisson séché ?
– Qui veut manger de mon poulet ?
– Je vous offre des pirojkis !
– Et moi, des galettes de riz !
– Ces pirojkis sont délicieux
Et je serais très curieux
De savoir de quoi ils sont faits ?
– Choux, champignons et viande hachée
Dans une pâte cuite au four.
(De partout des exclamations fusent.)
– Ton jus d'orange est un velours !

LE CONTEUR

Lorsque tous eurent goûté un peu de chaque spécialité, Ixou, la fillette noire, proposa…

Ixou

Et si l'on jouait maintenant ?
Allez ! Tous à vos instruments !

Le conteur

Ce ne fut pas facile de les accorder, croyez-moi ! Ils étaient tellement différents ! Aussi différents que les enfants !

Mais quelle musique, après !!!

Le vent, revenu, n'osait plus siffler dans les haubans !

En équilibre dans les agrès*, il écoutait les enfants chanter en se répondant :

> J'ai trouvé, assis près de moi,
> J'ai trouvé, sur ce même pont,
> L'enfant d'Afrique, le Chinois,
> Des enfants de tous horizons.

Nanouk, *lançant à pleine voix :*

> Moi, j'ai partagé mon repas
> Avec un enfant des tropiques !
> Nous nous sommes donné le « la »
> Pour la plus belle des musiques !

Tous les enfants, *reprenant en chœur*

> Nous nous sommes donné le « la »
> Pour la plus belle des musiques !

Le conteur

C'est vrai qu'elle était belle la musique qui montait du bateau ! La figure de proue, émue, leur dit…

Voix off

Ah ! mes enfants, c'est merveilleux !
Ce serait à mouiller mes yeux
S'ils n'étaient sculptés dans le bois !
Maintenant, petits, croyez-moi,
Sur la vague aux cheveux nacrés
Nous allons pouvoir naviguer !
Un fils de marin à la barre !
Qu'un autre largue les amarres !
Le plus agile, en haut du mât !
Cramponne-toi ! Ne tombe pas !
Hissez la voile ! En avant toute !
En avant pour la longue route !
Nous allons parcourir le monde,
Voir si la Terre est vraiment ronde !

Le conteur

Et le vent, dans les cordages, se met à souffler doucement en répétant :
Hissez la voile ! En avant toute !
En avant pour la longue route !
Ils s'en vont parcourir le monde
Voir si la Terre est vraiment ronde !

Et la voile est hissée !

Et le vent s'y engouffre, entraînant le bateau sur une mer calme, accueillante.

Les enfants, accoudés au bastingage, rient en bavardant...

Les enfants, *à tour de rôle*

La mer est couleur d'émeraude...
Il y a des dauphins qui rôdent...

Je vois des coraux magnifiques !
Et moi, des algues féériques !
Oh ! ces poissons multicolores !
Et ce sable en poussière d'or !
Là-bas, le ciel embrasse l'eau.
Que l'on est bien sur ce bateau !
La paix…
Le calme…
Le silence…
Vois le goéland qui s'élance !…

Le conteur

Les enfants rêvent…
Mais… c'est vraiment trop beau…
Un nuage paraît au loin…
La mer commence à gronder.
Un garçon bouscule celui qui tient la barre.

Un enfant

Laisse-moi barrer à mon tour !

Un autre enfant

Tu n'y connais rien, c'est trop lourd !

Le conteur

Ils en viennent aux mains, cependant qu'une fillette crie à celui grimpé dans la hune* :
Je veux monter, descends de là !
Pas de fille en haut, reste en bas !

Le grondement de la mer s'amplifie. Les enfants s'insultent, se battent pour des riens. L'un d'eux, indifférent, dort sur un tas de cordages. Son voisin, qui essaie de mettre de l'ordre sur le pont, le secoue.

Un enfant
Fainéant! Vas-tu te lever
Et venir un peu nous aider?

L'enfant endormi
Moi?... J'ai horreur de travailler!

Le conteur
Quel gâchis!!!
Fouillant dans son sac, une fillette constate qu'elle n'a plus de provisions. Piquant une colère, elle frappe le premier qui lui tombe sous la main.

La fille
Je n'ai plus rien dans mon panier!
Sale goinfre! Tu as tout mangé!

Le conteur
C'est une mêlée générale!
La mer est de plus en plus forte!
Des vagues énormes commencent à passer par-dessus bord.
L'enfant, à la barre, n'a plus la force de la tenir, et le bateau est une coque de noix sur une mer déchaînée!
Tous, soudain, réalisent qu'ils sont en réel danger.

Shanta, *la petite Indienne, s'écrie*
Nous avons fâché l'esprit de la mer!

UN ENFANT, *s'excusant*
Je n'aurais pas dû me mettre en colère…

ANH PHUNG, *tremblant de peur*
J'entends le dragon des tempêtes !
L'immonde dragon à sept têtes !…
J'ai peur ! Qu'allons-nous devenir ?

LE CONTEUR
Nous n'aurions jamais dû venir !
regrette un autre.
Celui qui tient la barre n'en peut plus :
Nous allons couler, c'est certain !
Sarah, la petite Tzigane, en a vu d'autres ! Sa voix couvre le fracas de la mer…

SARAH
Faisons la paix, main dans la main !
Il faut s'unir pour le dompter
Ce dragon qui veut nous couler !

LE CONTEUR
Alors, le calme étant revenu sur le pont, les enfants, prêts à vaincre, ensemble, le dragon dont les sept têtes chevauchent les vagues, la voix du bateau s'élève…

LA FIGURE DE PROUE
Enfants ! Enfants ! Il faut lutter !
Ensemble, vous arriverez,
Vous viendrez à bout du dragon !

Prenez les cordages du pont :
Il vous faut museler la bête,
Hydre malfaisante aux sept têtes !

LE VENT
Il leur faut museler la bête,
Hydre malfaisante aux sept têtes !

LE CONTEUR
Alors, les enfants s'organisent : le plus courageux accroche une ceinture de sécurité à sa taille, prend un long cordage dont il fait un lasso et, sautant à la mer, crie à ses compagnons :
Allez ! Tenez-moi les amis !
J'y vais… et sus à l'ennemi !
Il lance le cordage et, au bout de plusieurs tentatives, musèle la première tête.

Encouragé, chaque enfant se prépare fébrilement. À tour de rôle, ils sautent sur le dos du monstre en criant :

Je m'offre la deuxième… *(Ou la quatrième, ou… etc.)*… tête !

Une fillette a bien du mal à se tenir en équilibre sur le dos du dragon. Elle s'emmêle dans son cordage, car la bête se débat de plus en plus !

L'enfant appelle à son secours :
J'ai du venin sur tout le corps
Je vois flotter des poissons morts
Je n'y arriverai jamais !
Je vais lâcher ! Je vais lâcher !
Tiens bon ! J'arrive à ton secours ! lui crie celui avec lequel elle se battait, un instant auparavant.

Enfin, la bête est entièrement muselée.

Comme elle file encore bon train, sur son dos les enfants, cramponnés à leur cordage, semblent conduire un attelage triomphant !

Quelle joie, à bord! Le paresseux, celui qui a horreur de travailler, nettoie le pont, love* les cordages, cependant que le vent clame à tous les échos...

LE VENT
Et roule roule le tambour!
Ils ont vaincu l'affreux dragon!

LE CONTEUR
Les enfants restés sur le bateau ramassent les instruments de musique éparpillés, et que la houle a fait glisser dans tous les coins. L'un d'eux se met à jouer un petit air de flûte, cependant que son compagnon fredonne :
Il nous faut nettoyer le pont
Pour les accueillir en héros!
Jouez, tambourins et pipeaux!
Lui-même prend le grand tambour de Nanouk sur lequel il frappe en cadence.
C'est au son de cette musique que tous regagnent le bord et se retrouvent, épuisés, sur le pont.

DES ENFANTS, *à tour de rôle*
Enfin, le calme est revenu!
La mer a retrouvé la paix!
Ensemble, nous avons vaincu!
Scellons, ici, notre amitié!
Gravons notre nom sur le pont!

LE CONTEUR
Les enfants entreprennent de graver leur nom sur le bois du pont ou du mât. L'un d'eux interroge alors le bateau...

UN ENFANT
Mais toi, bateau, quel est ton nom ?

LE CONTEUR
Et le bateau de répondre à mi-voix…

LA FIGURE DE PROUE
Quel est mon nom ?
Quel est mon nom ?
Mais… c'est à vous de le trouver…
C'est à vous de le deviner…
De le deviner…

LE CONTEUR
De le deviner…
murmure le vent dans les haubans.

Shanda, la petite Indienne, prend sa flûte et joue, doucement, une mélodie, accompagnée par le violon de Sarah la Tzigane. Les autres réfléchissent… longuement…

IXOU, *timidement*
Ton nom est : AMITIÉ !

DOMENICO
JOIE !

RODRIGO, *s'exclamant*
PAIX !

ANH PHUNG, *murmurant*
HARMONIE !

Maroussia, *brandissant sa balalaïka, s'écrie*
C'est le grand bateau de la Vie !!!

Le conteur
C'est le grand bateau de la Vie !
répètent les enfants qui se mettent à danser une farandole endiablée !
C'est le grand bateau de la Vie !
répète le vent en faisant siffler les haubans !
Et le bateau glisse… glisse sur la mer apaisée, les emportant vers un horizon lumineux comme une aurore boréale.

FIN

Cahier pédagogique

Ce dossier pédagogique propose d'aider les enseignants et animateurs d'ateliers théâtre à préparer leur mise en scène. Il s'avèrera aussi un excellent outil pour un travail approfondi et ainsi prolonger la représentation.

A. La pièce et son auteure	p V
B. De l'oralité à la voix de l'écriture	p VI
C. Travail préliminaire	p VII
D. Les ateliers théâtre	p IX
Lexique	p XIII

A – LA PIÈCE ET SON AUTEURE

« J'ai toujours aimé le théâtre et mon rêve était de devenir comédienne. Mais la guerre est passée par là… » confie Madeleine Airaud, l'auteure de *Le Bateau*, qui fêtera bientôt ses 88 ans.
Les mots, elle les connaît par cœur. Elle sait leur rythme et leur poésie, car Madeleine Airaud est avant tout conteuse. Elle raconte ses histoires sur son île de Ré dans les musées, les écoles et même dans les marais salants.
En plus de cette activité, elle a fondé une troupe de théâtre pour les enfants de son village. Son objectif est clair : « les préparer à savoir se présenter, savoir s'exprimer en public ». « Il y avait des Portugais et des Tunisiens parmi nos petits Rétais » explique-t-elle. Comme elle se laisse inspirer par le caractère des enfants pour écrire ses pièces, c'était une évidence que *Le Bateau* parle de la découverte du monde, de « ses coutumes… ses musiques… ses différences et puis, à cause de ces différences, savoir regarder, écouter l'autre ».
Dans une époque troublée par les gestes d'intolérance, la conteuse espère que le message d'entraide de sa pièce saura faire son chemin dans l'esprit des jeunes comédiens.

B – DE L'ORALITÉ À LA VOIX DE L'ÉCRITURE

Le Bateau est un véritable conte initiatique théâtralisé. Les personnages sont presque des allégories, des émissaires de leurs pays respectifs, qui évoluent dans un monde marqué par la fantaisie et qui vont être confrontés à une terrible épreuve. L'écriture est marquée par la tradition orale, la langue résolument poétique.
Soucieux d'apporter un confort de lecture, la parole, dans la présente édition, a été répartie entre les différents personnages. Cependant, pour reproduire au mieux l'émotion et la sensibilité du texte, il est essentiel d'en respecter la choralité et la résonance. Il est essentiel de jouer sur la polyphonie et l'énergie collective. L'expression doit être véhiculée par le geste et le son.

Voici deux propositions de répartition du texte :

1. Le texte attribué au conteur, qui tient une grande place dans la pièce, peut être interprété par plusieurs comédiens, qui forment un chœur assez proche du chœur antique. Dans ce cas, il est le porteur de la poésie. Il rythme l'action, la décrit et conte au spectateur les éléments extérieurs à la scène.

2. Chacun des personnages est interprété par un groupe d'enfants qui disent leur texte parfois en chœur, parfois l'un après l'autre. Il s'agit alors de bien répartir le texte, pour gagner en modernité : lutter contre l'univocité du chœur antique, pour donner à entendre l'écriture « vocale » de la pièce.

C – TRAVAIL PRÉLIMINAIRE

Avant d'entamer un travail théâtral à proprement parler, il est important que les enfants apprennent à connaître les différents pays ou continents d'où sont issus les personnages et notamment les éléments culturels comme la musique, la cuisine ou les costumes traditionnels. Pour inspirer les plus jeunes, rien de tel que quelques gourmandises faites maison.

Recette facile de lassi à la mangue

Cette boisson traditionnelle indienne est très simple à réaliser.

Pour deux lassis : 2 yaourts brassés, 1 verre de purée de mangue, 1 verre de lait et 2 cuillères à café de sucre.

Verser tous les ingrédients dans un saladier et bien mélanger avec un fouet ou à l'aide d'un blender.

Laisser reposer 30 minutes au réfrigérateur et déguster bien frais.

Recette de cornes de gazelle orientales,
pour régaler toute la famille

Pâtisseries pour 8 personnes : mélanger 200 grammes de farine et une pincée de sel dans un saladier. Ajouter 150 grammes de beurre ramolli et 10 centilitres d'eau froide. Bien mélanger jusqu'à obtenir une pâte lisse, puis réserver au frais.

Dans un autre saladier, verser 300 grammes de sucre roux, 135 grammes d'amandes en poudre, 1 cuillère à café de poudre de cannelle, 1 œuf et 10 centilitres de fleur d'oranger. Bien mélanger le tout et réserver la garniture.

Préchauffer le four à 150 °C. Sortir la pâte du réfrigérateur, l'étaler et la découper en petits carrés. Déposer un peu de garniture dans un coin et rouler le carré de pâte en forme de croissant.

Déposer les petits croissants sur une plaque recouverte de papier aluminium et enfourner à 190 °C pendant 20 minutes. Laisser les cornes de gazelle refroidir, puis saupoudrer de sucre glace.

D – LES ATELIERS THÉÂTRE

Le marché aux puces :

Les enfants sont munis d'une ardoise. L'animateur dispose une dizaine d'objets de toutes sortes sur une pièce de tissu, alors que les enfants lui tournent le dos. Au signal de l'animateur, les enfants se retournent et observent les objets.

Au bout de 3 minutes, nouveau signal de l'animateur, les enfants lui tournent de nouveau le dos. Rapidement, l'animateur enlève un objet et demande aux enfants de retrouver ce qu'il manque. Chacun écrit sa réponse sur son ardoise, que tous dévoilent simultanément. Ceux qui n'ont pas trouvé la bonne réponse ont perdu. Les autres poursuivent le jeu avec, à chaque étape, deux objets en plus.

Naturellement, il est essentiel de bien choisir les objets : si certains sont susceptibles d'émettre un son, il est préférable de faire sortir les enfants de la salle.

Cet exercice travaille la mémorisation.

Articulons ! :

Afin d'améliorer la diction, voici quelques mots à répéter plusieurs fois à la suite et qui amuseront beaucoup les enfants (qui pourront les répéter, tout seuls, à la maison). Il ne faut pas hésiter à ouvrir grand la bouche et ainsi faire travailler les zygomatiques.

        N° 1 : panier – piano
        N° 2 : fruit cuit – fruit cru
        N° 3 : tortue – tordu

Les jongleurs :

L'animateur chuchote à l'oreille de chaque comédien le style d'objet avec lequel il va jongler (est-il lourd, léger, minuscule, volumineux ?) Les enfants se déploient ensuite dans l'espace de jeu. Au signal du meneur, les enfants commencent à jongler en silence, tout en se déplaçant sur l'espace de jeu. Au prochain signal, les enfants s'immobilisent. Ils se rapprochent de leur voisin le plus proche, avec lequel ils échangent leur balle. Chaque enfant doit mimer avec assez de précision pour que son partenaire puisse reconnaître les caractéristiques de sa balle et les transmettre au suivant.

Cet exercice travaille : le déplacement dans l'espace, l'attention, la coordination, le geste.

Les percussions corporelles :

Voici trois petits enchaînements d'introduction aux percussions corporelles. Il est très important que les gestes s'alternent d'abord main droite, puis main gauche, en finissant toujours sur la main gauche.

Il s'agit de commencer tout doucement : l'animateur donne le tempo avant et durant tout le temps de l'exercice. Une fois que tous les enfants ont bien mémorisé le mouvement, l'animateur peut accélérer la pulsation.

Quand les enfants sont bien synchronisés, on peut enchaîner avec une version plus difficile de l'exercice. Cette fois-ci, l'animateur indique préalablement aux enfants le nombre de mouvements à effectuer et sur quel tempo. Sans l'entendre, les enfants doivent rester en rythme du début à la fin de l'enchaînement.

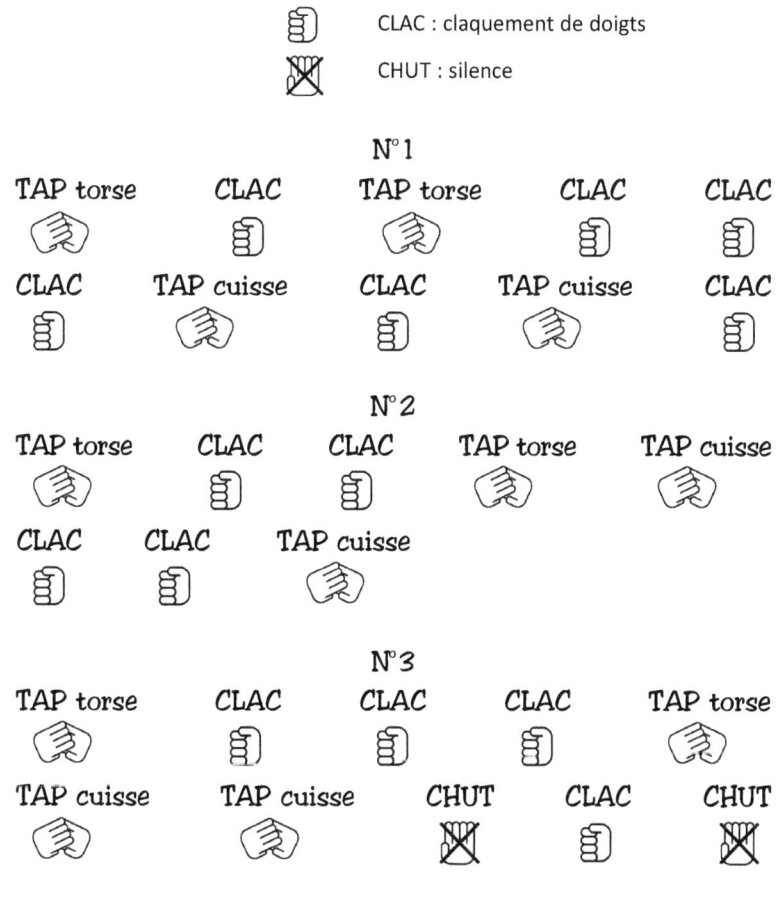

Cet exercice travaille la coordination, le rythme, le geste et le rapport au corps.

LEXIQUE

PAGE 8
Calebasse : fruit de la famille des cucurbitacées qui, une fois séché et vidé, sert de récipient.
Keffieh : coiffure des Bédouins composée d'une pièce de tissu et d'un cordon.

PAGE 9
Darbouka : tambour en poterie utilisé au Maghreb et au Moyen-Orient.

PAGE 10
Ocarina : flûte globulaire à embouchure à conduit et à huit trous.

PAGE 11
Panqueques : crêpes que l'on mange avec de la confiture de lait.

PAGE 14
Toundra : formation végétale située dans les zones climatiques froides.

Page 15
Balalaïka : instrument de musique russe à cordes pincées.
Pirojki : petit pâté en croûte russe.

Page 16
Osso buco : plat traditionnel de la ville de Milan, sorte de ragoût à base de porc.
Haubans : cordages d'un navire à voiles.

Page 19
Sitar : luth indien au manche très long.

Page 20
Agrès : ensemble de machines et d'accessoires qui servent à manœuvrer un navire.

Page 22
Hune : plateforme en haut du mât.

Page 26
Lover : quand on love les cordages, on les enroule autour d'eux-mêmes/

AVIS IMPORTANT

Cette pièce de théâtre fait partie du répertoire de la Société des Auteurs et Compositeurs Dramatiques, 11 bis rue Ballu 75442 PARIS Cedex 09. Tél. : 01 40 23 44 44. Elle ne peut donc être jouée sans l'autorisation de cette société.

Nous conseillons d'en faire la demande avant de commencer les répétitions.

ATTENTION

Aux termes du Code de la propriété intellectuelle, toute reproduction ou représentation, intégrale ou partielle de la présente publication, faite par quelque procédé que ce soit (reprographie, microfilmage, scannérisation, numérisation...) sans le consentement de l'éditeur est illicite (article L. 122-4 du Code de la propriété intellectuelle) et constitue une contrefaçon sanctionnée par les articles L. 335-2 et suivants du même Code.

Imprimé à la demande par Books On Demand GmbH, Bad Hersfeld, Allemagne

1re édition, dépôt légal : avril 2015
N° d'édition : 201534
ISBN : 978-2-84422-998-4